I0788978

4

This Activity Book Belongs To :

....

Coloring pages

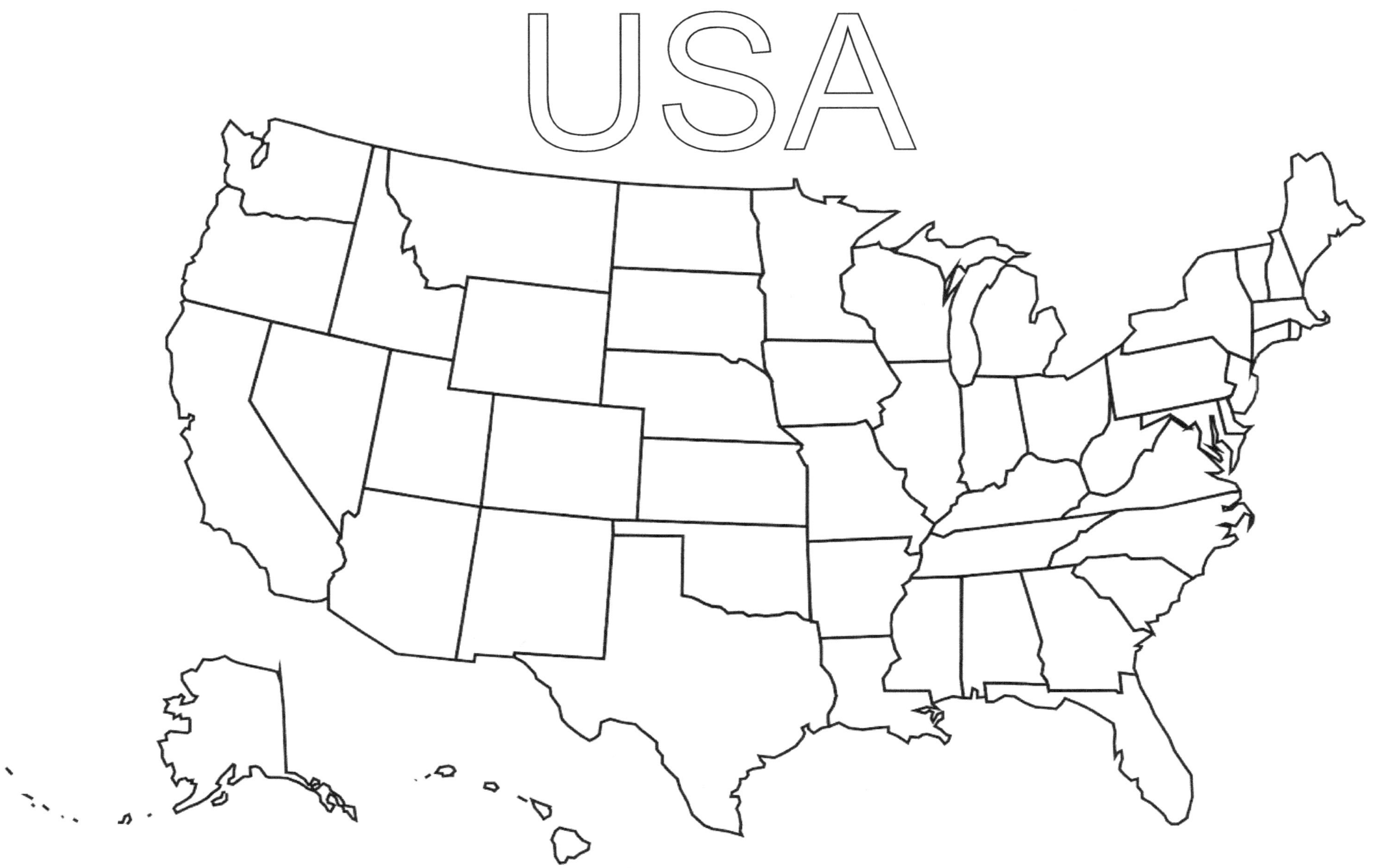
USA

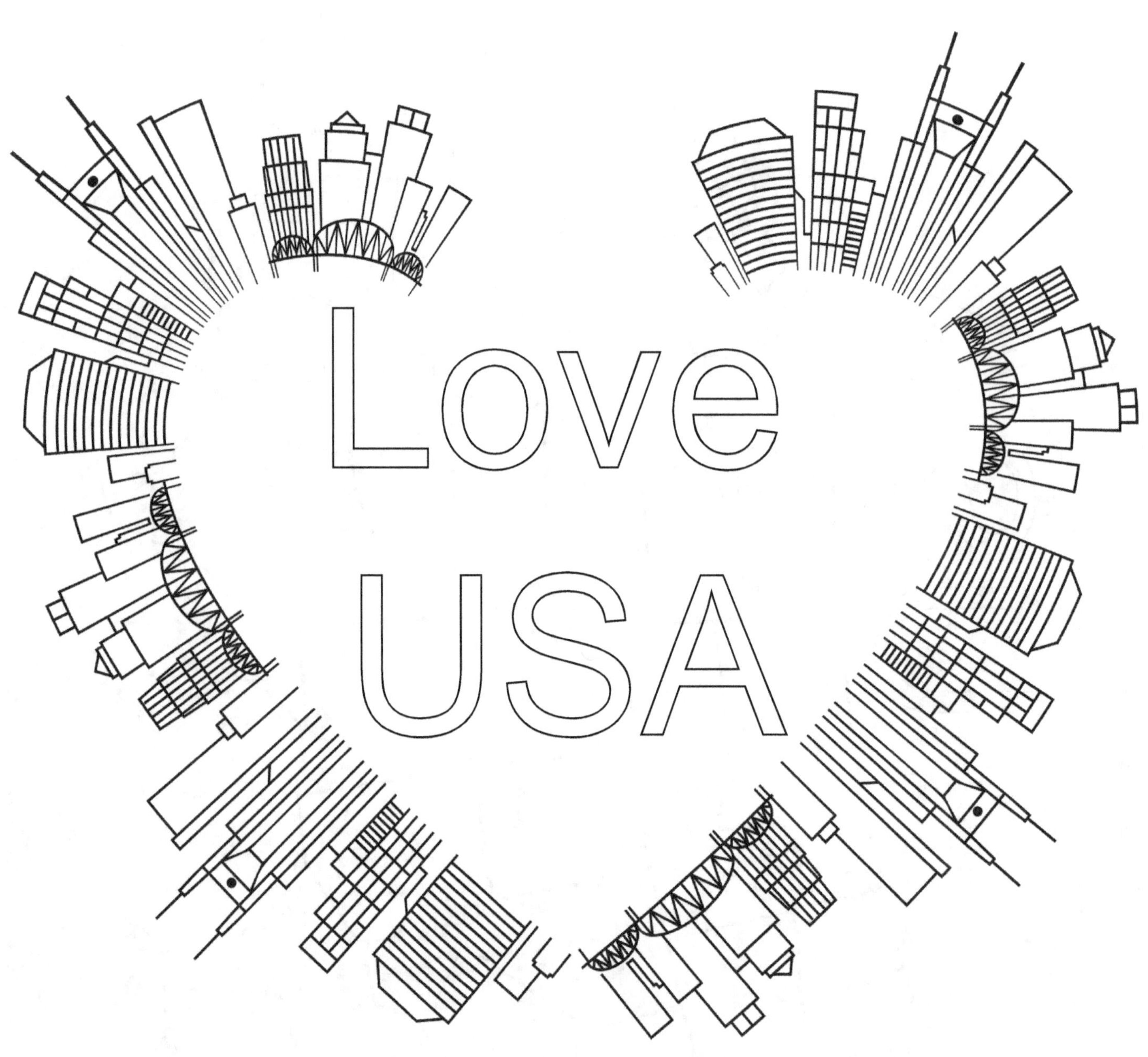
Love
USA

Capitol Washington

New york

Eagle

Parrot

MONKEY

Bird
Horse

Cat
Dog

Crocodile

Cat
Dog

Crocodile

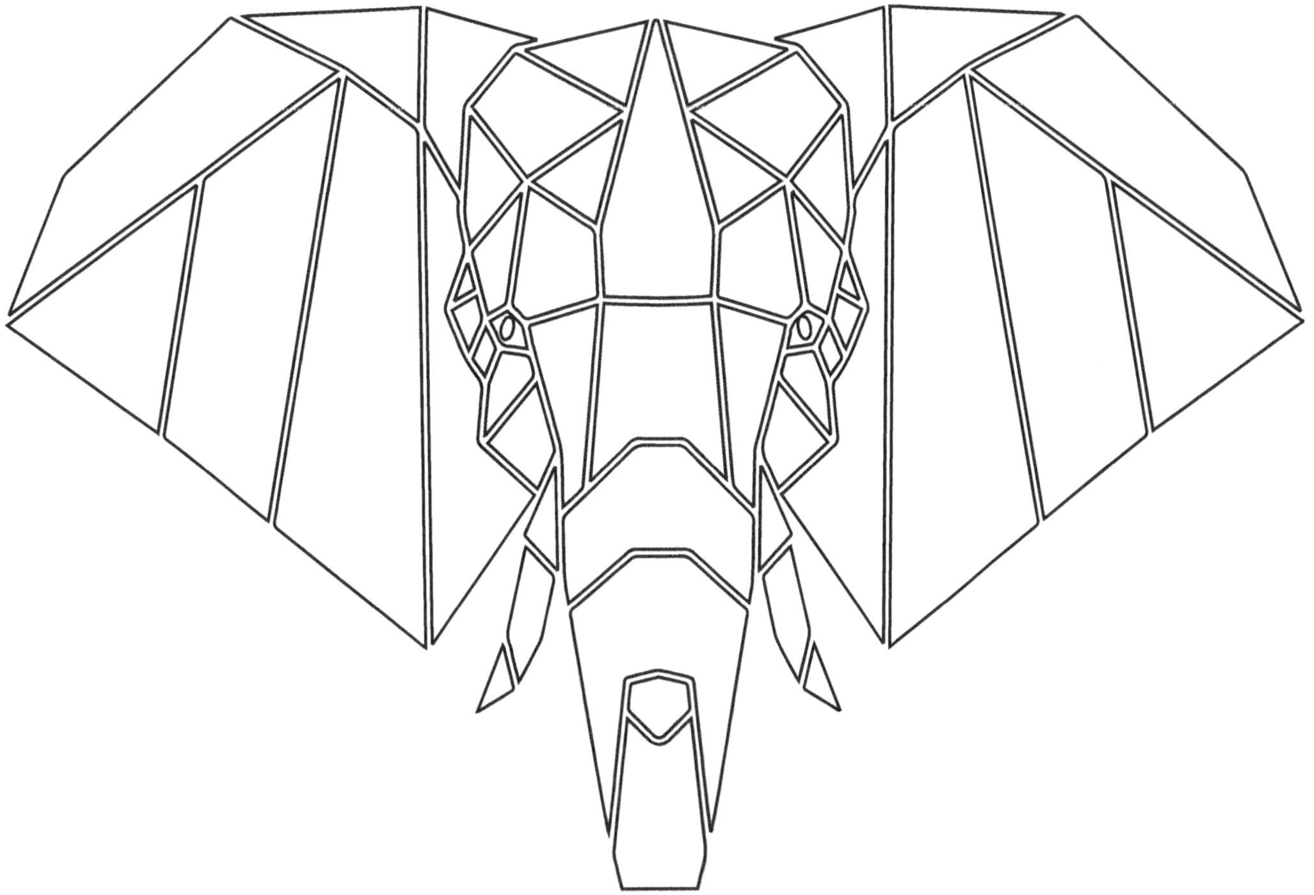

Elephant

Giraffe

Cherry
Orange

Strawberry
lemon

Apple
Water
melon

Mushroom
Broccoli

Words search

Words search
USA states

H	G	Z	I	A	L	A	S	K	A	W	B
T	X	B	E	C	P	P	C	G	A	E	X
Z	K	A	F	O	C	Q	A	P	R	K	O
Z	U	R	V	N	V	I	L	B	K	D	B
F	A	I	G	N	N	T	I	Q	A	E	Y
A	L	Z	E	E	N	Y	F	R	N	L	I
O	A	O	O	C	B	I	O	Z	S	A	T
L	B	N	R	T	W	L	R	M	A	W	K
U	A	A	G	I	O	D	N	G	S	A	S
V	M	F	I	C	D	A	I	E	J	R	W
H	A	F	A	U	M	A	A	B	S	E	R
V	N	K	Z	T	Q	G	R	Z	R	V	D

Words search
USA states

O	C	A	I	L	P	L	X	L	Q	S	P
N	P	A	L	M	Q	W	M	A	I	N	E
S	D	K	L	X	C	C	N	F	O	C	I
I	N	D	I	A	N	A	B	Y	W	I	J
U	M	N	N	I	I	R	K	D	A	A	B
Y	D	Q	O	S	D	C	N	W	J	O	C
R	S	W	I	T	U	A	A	O	U	S	C
M	N	U	S	T	L	H	H	H	A	I	M
A	O	J	N	Y	M	Z	U	O	I	N	B
L	C	E	R	Z	C	B	P	M	Q	W	V
H	K	A	N	S	A	S	I	P	L	R	B
I	M	O	L	J	Y	X	H	E	N	J	N

Words search
USA states

F	L	C	Q	M	N	E	B	R	A	S	K	A
P	C	B	B	N	E	V	Z	K	E	L	R	X
H	V	M	T	F	W	O	F	C	U	I	Z	A
E	Y	I	N	I	H	X	N	M	P	U	T	B
C	M	C	E	L	A	L	Z	P	V	O	M	X
Q	I	H	W	G	M	N	I	X	S	H	O	B
C	S	I	J	Q	P	S	E	E	M	Q	N	J
M	S	G	E	N	S	C	N	V	W	A	T	Q
F	O	A	R	I	H	N	A	W	A	N	A	K
D	U	N	S	T	I	E	Z	J	E	D	N	J
B	R	S	E	M	R	A	F	X	L	X	A	D
Y	I	R	Y	Y	E	A	R	I	R	H	Y	K
M	A	S	S	A	C	H	U	S	E	T	T	S

Words search
USA states

Y	O	R	E	G	O	N	O	D	A	D	L	P
L	H	Z	I	U	W	C	C	L	Q	J	D	E
O	I	O	Y	V	H	G	M	H	D	I	V	Z
N	O	R	T	H	C	A	R	O	L	I	N	A
P	E	N	N	S	Y	L	V	A	N	I	A	U
N	E	W	M	E	X	I	C	O	L	Q	P	E
H	L	I	Y	T	F	V	C	N	H	T	W	K
V	D	R	H	O	D	E	I	S	L	A	N	D
Q	L	I	J	K	R	Z	T	W	T	R	E	L
D	D	J	A	L	O	K	L	A	H	O	M	A
M	N	O	R	T	H	D	A	K	O	T	A	M
G	J	Y	U	K	J	S	W	H	Z	N	Q	W
S	O	U	T	H	C	A	R	O	L	I	N	A

Words search

USA states

L	Y	L	O	N	Z	H	T	E	X	A	S
T	E	N	N	E	S	S	E	E	I	H	O
N	R	W	E	S	T	P	R	N	W	A	U
B	V	A	H	M	K	A	I	C	I	Z	T
I	E	S	U	V	E	G	D	M	S	A	H
J	R	H	C	Q	R	Y	L	Q	C	H	D
L	M	I	S	I	D	D	S	W	O	S	A
E	O	N	V	W	Y	O	M	I	N	G	K
A	N	G	D	W	C	L	V	N	S	Y	O
D	T	T	Y	O	B	L	Q	D	I	G	T
K	B	O	Z	V	I	R	G	I	N	I	A
Y	E	N	W	T	E	U	T	A	H	B	S

Words search
Domestic animals

C	R	K	G	A	O	N	B	Q	J	M	M	U	G	W
B	E	A	R	X	L	L	L	U	W	V	O	D	G	P
U	F	N	C	G	I	Y	A	G	N	I	N	E	I	I
V	V	G	G	I	V	B	R	O	F	M	K	J	Q	Q
I	L	A	C	R	O	C	O	D	I	L	E	K	E	E
Y	K	R	R	A	W	C	Z	M	U	L	Y	E	C	Q
D	W	O	L	F	Y	M	E	C	O	P	P	Q	E	Y
U	D	O	P	F	B	C	B	L	P	M	A	N	P	B
S	N	A	K	E	I	P	R	K	T	R	M	T	I	L
J	W	E	L	E	P	H	A	N	T	P	X	B	N	X
N	C	T	V	T	L	I	O	N	Z	I	G	D	G	C
V	A	A	F	Z	E	O	A	B	D	Q	G	C	J	X
C	W	H	T	O	X	N	R	Z	O	A	O	E	C	K
H	R	V	C	C	G	N	O	R	S	H	G	K	R	S
B	X	Z	X	V	E	F	Q	Z	M	G	R	F	S	L

Words search
Wild animals

C	R	K	G	A	O	N	B	Q	J	M	M	U	G	W
B	E	A	R	X	L	L	L	U	W	V	O	D	G	P
U	F	N	C	G	I	Y	A	G	N	I	N	E	I	I
V	V	G	G	I	V	B	R	O	F	M	K	J	Q	Q
I	L	A	C	R	O	C	O	D	I	L	E	K	E	E
Y	K	R	R	A	W	C	Z	M	U	L	Y	E	C	Q
D	W	O	L	F	Y	M	E	C	O	P	P	Q	E	Y
U	D	O	P	F	B	C	B	L	P	M	A	N	P	B
S	N	A	K	E	I	P	R	K	T	R	M	T	I	L
J	W	E	L	E	P	H	A	N	T	P	X	B	N	X
N	C	T	V	T	L	I	O	N	Z	I	G	D	G	C
V	A	A	F	Z	E	O	A	B	D	Q	G	C	J	X
C	W	H	T	O	X	N	R	Z	O	A	O	E	C	K
H	R	V	C	C	G	N	O	R	S	H	G	K	R	S
B	X	Z	X	V	E	F	Q	Z	M	G	R	F	S	L

Words search
Sea animals

B	Y	B	L	O	P	I	D	Y	T	D	E	H	X	A
N	P	E	P	Z	V	W	H	W	W	Y	S	U	G	K
S	T	D	Q	H	D	O	L	P	H	I	N	F	R	K
Z	Y	R	J	O	P	N	S	N	F	S	U	E	Y	M
E	J	R	C	P	P	U	E	R	F	E	L	C	T	B
F	M	T	J	Y	P	L	A	C	R	A	B	E	Q	M
X	S	I	C	O	S	T	H	P	H	L	G	X	Q	H
G	T	J	T	B	S	H	O	W	Z	I	I	B	B	B
R	O	C	B	S	H	A	R	K	B	O	D	X	J	U
L	O	X	Z	P	E	E	S	I	J	N	X	I	B	T
V	G	W	H	A	L	E	E	C	M	V	R	Z	Y	V
A	J	E	L	L	Y	F	I	S	H	P	S	D	M	K
I	X	K	I	N	C	I	L	V	O	L	T	U	V	Z
R	R	K	C	K	M	S	T	Y	O	F	U	Y	V	W
B	D	I	X	Q	Q	H	Y	N	Q	S	U	W	V	W

Words search
Birds

W	F	Q	E	Z	X	R	X	R	J	P	P	N	J	U
C	G	Q	S	N	A	A	Z	U	R	B	R	A	A	P
F	U	O	Z	B	V	I	V	O	L	O	R	Q	W	H
R	X	F	Q	X	V	A	O	S	D	W	F	R	W	M
X	G	Q	W	F	C	D	U	N	A	O	E	H	Z	T
L	B	H	Y	L	J	J	O	D	M	K	Z	E	M	K
D	T	S	W	A	N	E	F	G	C	V	V	F	P	M
I	Q	E	F	M	G	Y	S	E	C	U	O	S	N	R
I	X	A	R	I	D	J	P	A	R	R	O	T	K	Y
H	T	G	P	N	U	D	A	M	C	E	O	W	J	N
T	T	U	G	G	O	T	R	I	E	Y	A	W	O	E
T	C	L	J	O	W	L	R	V	G	H	D	G	L	C
A	O	L	W	V	L	Z	O	H	V	O	S	A	L	K
G	Z	C	B	S	M	D	W	D	U	X	L	R	B	E
F	T	Y	M	P	V	H	W	G	N	E	T	F	R	R

Words search
Vegitables

M	B	P	C	O	U	R	G	E	T	T	E
A	E	O	O	A	T	I	O	P	Z	V	T
H	E	T	R	P	R	D	N	F	F	A	K
E	T	A	N	U	C	R	I	O	S	P	D
V	R	T	O	M	A	T	O	E	S	K	K
B	O	O	Y	P	V	U	N	T	U	F	F
W	O	E	Y	K	W	Q	S	N	S	Q	U
Z	T	S	L	I	G	V	I	S	C	L	E
H	G	V	L	N	S	P	I	N	A	C	H
G	R	E	E	N	P	E	P	P	E	R	G
W	F	R	E	N	C	H	B	E	A	N	S
A	R	E	D	C	H	I	L	L	I	E	S

Words search
Vegitables

M U S H R O O M B R Q E

C A U L I F L O W E R S

A R T I C H O K E D O V

Z R Q S A V E K W C L W

B C V W V Q V P B A I G

I E A E O F J X N B V A

Y P E E C U C U M B E R

O P O T A T O E S A S L

M G G J D X C X W G R I

Q N G N O W H I T E E C

C A B B A G E E N Q U D

E I W U B R O C C O L I

Words search
Fruits

V	Z	F	V	S	S	Y	I	U	D	H	J
H	E	R	F	T	K	I	A	G	L	R	E
L	K	Y	K	R	X	A	W	P	J	Z	W
Q	Z	Q	P	A	P	A	Y	A	P	H	A
M	W	P	C	W	L	R	P	Z	Q	L	T
N	X	L	O	B	R	N	C	O	T	I	E
A	S	Z	K	E	Z	J	M	R	B	O	R
H	K	V	H	R	X	M	K	A	A	K	M
D	R	C	K	R	R	X	I	N	N	F	E
J	U	G	U	Y	V	S	W	G	A	G	L
O	Y	M	M	V	J	Y	I	E	N	C	O
A	Z	X	Z	F	H	F	C	I	A	I	N

Words search

Fruits

M	H	O	A	P	R	I	C	O	T	C	Q
P	A	S	S	I	O	N	F	R	U	I	T
J	L	S	Y	N	L	E	K	A	B	D	I
J	E	U	N	E	P	D	N	S	J	X	B
Y	M	H	M	A	E	Q	W	P	W	Q	R
E	O	S	R	P	A	R	N	B	Z	L	N
C	N	G	Y	P	C	S	W	E	U	P	W
A	G	J	F	L	H	O	T	R	X	L	A
I	O	F	W	E	S	F	Q	R	R	F	Z
B	L	U	E	B	E	R	R	Y	R	N	F
T	W	C	S	V	H	O	L	R	P	I	F
Y	P	O	M	E	G	R	A	N	A	T	E

Words search Solutions

Words search
USA states solution

H	G	Z	I	A	L	A	S	K	A	W	B
T	X	B	E	C	P	P	C	G	A	E	X
Z	K	A	F	O	C	Q	A	P	R	K	O
Z	U	R	V	N	V	I	L	B	K	D	B
F	A	I	G	N	N	T	I	Q	A	E	Y
A	L	Z	E	E	N	Y	F	R	N	L	I
O	A	O	O	C	B	I	O	Z	S	A	T
L	B	N	R	T	W	L	R	M	A	W	K
U	A	A	G	I	O	D	N	G	S	A	S
V	M	F	I	C	D	A	I	E	J	R	W
H	A	F	A	U	M	A	A	B	S	E	R
V	N	K	Z	T	Q	G	R	Z	R	V	D

Words search
USA states solution

O	C	A	I	L	P	L	X	L	Q	S	P
N	P	A	L	M	Q	W	M	A	I	N	E
S	D	K	L	X	C	C	N	F	O	C	I
I	N	D	I	A	N	A	B	Y	W	I	J
U	M	N	N	I	I	R	K	D	A	A	B
Y	D	Q	O	S	D	C	N	W	J	O	C
R	S	W	I	T	U	A	A	O	U	S	C
M	N	U	S	T	L	H	H	H	A	I	M
A	O	J	N	Y	M	Z	U	O	I	N	B
L	C	E	R	Z	C	B	P	M	Q	W	V
H	K	A	N	S	A	S	I	P	L	R	B
I	M	O	L	J	Y	X	H	E	N	J	N

Words search
USA states solution

F	L	C	Q	M	N	E	B	R	A	S	K	A
P	C	B	B	N	E	V	Z	K	E	L	R	X
H	V	M	T	F	W	O	F	C	U	I	Z	A
E	Y	I	N	I	H	X	N	M	P	U	T	B
C	M	C	E	L	A	L	Z	P	V	O	M	X
Q	I	H	W	G	M	N	I	X	S	H	O	B
C	S	I	J	Q	P	S	E	E	M	Q	N	J
M	S	G	E	N	S	C	N	V	W	A	T	Q
F	O	A	R	I	H	N	A	W	A	N	A	K
D	U	N	S	T	I	E	Z	J	E	D	N	J
B	R	S	E	M	R	A	F	X	L	X	A	D
Y	I	R	Y	Y	E	A	R	I	R	H	Y	K
M	A	S	S	A	C	H	U	S	E	T	T	S

Words search
USA states solution

Y	O	R	E	G	O	N	O	D	A	D	L	P
L	H	Z	I	U	W	C	C	L	Q	J	D	E
O	I	O	Y	V	H	G	M	H	D	I	V	Z
N	O	R	T	H	C	A	R	O	L	I	N	A
P	E	N	N	S	Y	L	V	A	N	I	A	U
N	E	W	M	E	X	I	C	O	L	Q	P	E
H	L	I	Y	T	F	V	C	N	H	T	W	K
V	D	R	H	O	D	E	I	S	L	A	N	D
Q	L	I	J	K	R	Z	T	W	T	R	E	L
D	D	J	A	L	O	K	L	A	H	O	M	A
M	N	O	R	T	H	D	A	K	O	T	A	M
G	J	Y	U	K	J	S	W	H	Z	N	Q	W
S	O	U	T	H	C	A	R	O	L	I	N	A

Words search
USA states solution

L	Y	L	O	N	Z	H	T	E	X	A	S
T	E	N	N	E	S	S	E	E	I	H	O
N	R	W	E	S	T	P	R	N	W	A	U
B	V	A	H	M	K	A	I	C	I	Z	T
I	E	S	U	V	E	G	D	M	S	A	H
J	R	H	C	Q	R	Y	L	Q	C	H	D
L	M	I	S	I	D	D	S	W	O	S	A
E	O	N	V	W	Y	O	M	I	N	G	K
A	N	G	D	W	C	L	V	N	S	Y	O
D	T	T	Y	O	B	L	Q	D	I	G	T
K	B	O	Z	V	I	R	G	I	N	I	A
Y	E	N	W	T	E	U	T	A	H	B	S

Words search
Domestic animals solution

C	R	K	G	A	O	N	B	Q	J	M	M	U	G	W
B	E	A	R	X	L	L	L	U	W	V	O	D	G	P
U	F	N	C	G	I	Y	A	G	N	I	N	E	I	I
V	V	G	G	I	V	B	R	O	F	M	K	J	Q	Q
I	L	A	C	R	O	C	O	D	I	L	E	K	E	E
Y	K	R	R	A	W	C	Z	M	U	L	Y	E	C	Q
D	W	O	L	F	Y	M	E	C	O	P	P	Q	E	Y
U	D	O	P	F	B	C	B	L	P	M	A	N	P	B
S	N	A	K	E	I	P	R	K	T	R	M	T	I	L
J	W	E	L	E	P	H	A	N	T	P	X	B	N	X
N	C	T	V	T	L	I	O	N	Z	I	G	D	G	C
V	A	A	F	Z	E	O	A	B	D	Q	G	C	J	X
C	W	H	T	O	X	N	R	Z	O	A	O	E	C	K
H	R	V	C	C	G	N	O	R	S	H	G	K	R	S
B	X	Z	X	V	E	F	Q	Z	M	G	R	F	S	L

Words search
Wild animals solution

C	R	K	G	A	O	N	B	Q	J	M	M	U	G	W
B	E	A	R	X	L	L	L	U	W	V	O	D	G	P
U	F	N	C	G	I	Y	A	G	N	I	N	E	I	I
V	V	G	G	I	V	B	R	O	F	M	K	J	Q	Q
I	L	A	C	R	O	C	O	D	I	L	E	K	E	E
Y	K	R	R	A	W	C	Z	M	U	L	Y	E	C	Q
D	W	O	L	F	Y	M	E	C	O	P	P	Q	E	Y
U	D	O	P	F	B	C	B	L	P	M	A	N	P	B
S	N	A	K	E	I	P	R	K	T	R	M	T	I	L
J	W	E	L	E	P	H	A	N	T	P	X	B	N	X
N	C	T	V	T	L	I	O	N	Z	I	G	D	G	C
V	A	A	F	Z	E	O	A	B	D	Q	G	C	J	X
C	W	H	T	O	X	N	R	Z	O	A	O	E	C	K
H	R	V	C	C	G	N	O	R	S	H	G	K	R	S
B	X	Z	X	V	E	F	Q	Z	M	G	R	F	S	L

Words search
Sea animals solution

B	Y	B	L	O	P	I	D	Y	T	D	E	H	X	A
N	P	E	P	Z	V	W	H	W	W	Y	S	U	G	K
S	T	D	Q	H	D	O	L	P	H	I	N	F	R	K
Z	Y	R	J	O	P	N	S	N	F	S	U	E	Y	M
E	J	R	C	P	P	U	E	R	F	E	L	C	T	B
F	M	T	J	Y	P	L	A	C	R	A	B	E	Q	M
X	S	I	C	O	S	T	H	P	H	L	G	X	Q	H
G	T	J	T	B	S	H	O	W	Z	I	I	B	B	B
R	O	C	B	S	H	A	R	K	B	O	D	X	J	U
L	O	X	Z	P	E	E	S	I	J	N	X	I	B	T
V	G	W	H	A	L	E	E	C	M	V	R	Z	Y	V
A	J	E	L	L	Y	F	I	S	H	P	S	D	M	K
I	X	K	I	N	C	I	L	V	O	L	T	U	V	Z
R	R	K	C	K	M	S	T	Y	O	F	U	Y	V	W
B	D	I	X	Q	Q	H	Y	N	Q	S	U	W	V	W

Words search
Birds solution

W	F	Q	E	Z	X	R	X	R	J	P	P	N	J	U
C	G	Q	S	N	A	A	Z	U	R	B	R	A	A	P
F	U	O	Z	B	V	I	V	O	L	O	R	Q	W	H
R	X	F	Q	X	V	A	O	S	D	W	F	R	W	M
X	G	Q	W	F	C	D	U	N	A	O	E	H	Z	T
L	B	H	Y	L	J	J	O	D	M	K	Z	E	M	K
D	T	S	W	A	N	E	F	G	C	V	V	F	P	M
I	Q	E	F	M	G	Y	S	E	C	U	O	S	N	R
I	X	A	R	I	D	J	P	A	R	R	O	T	K	Y
H	T	G	P	N	U	D	A	M	C	E	O	W	J	N
T	T	U	G	G	O	T	R	I	E	Y	A	W	O	E
T	C	L	J	O	W	L	R	V	G	H	D	G	L	C
A	O	L	W	V	L	Z	O	H	V	O	S	A	L	K
G	Z	C	B	S	M	D	W	D	U	X	L	R	B	E
F	T	Y	M	P	V	H	W	G	N	E	T	F	R	R

Words search
Vegitables solution

M	B	P	C	O	U	R	G	E	T	T	E
A	E	O	O	A	T	I	O	P	Z	V	T
H	E	T	R	P	R	D	N	F	F	A	K
E	T	A	N	U	C	R	I	O	S	P	D
V	R	T	O	M	A	T	O	E	S	K	K
B	O	O	Y	P	V	U	N	T	U	F	F
W	O	E	Y	K	W	Q	S	N	S	Q	U
Z	T	S	L	I	G	V	I	S	C	L	E
H	G	V	L	N	S	P	I	N	A	C	H
G	R	E	E	N	P	E	P	P	E	R	G
W	F	R	E	N	C	H	B	E	A	N	S
A	R	E	D	C	H	I	L	L	I	E	S

Words search
Vegitables solution

M	U	S	H	R	O	O	M	B	R	Q	E
C	A	U	L	I	F	L	O	W	E	R	S
A	R	T	I	C	H	O	K	E	D	O	V
Z	R	Q	S	A	V	E	K	W	C	L	W
B	C	V	W	V	Q	V	P	B	A	I	G
I	E	A	E	O	F	J	X	N	B	V	A
Y	P	E	E	C	U	C	U	M	B	E	R
O	P	O	T	A	T	O	E	S	A	S	L
M	G	G	J	D	X	C	X	W	G	R	I
Q	N	G	N	O	W	H	I	T	E	E	C
C	A	B	B	A	G	E	E	N	Q	U	D
E	I	W	U	B	R	O	C	C	O	L	I

Words search
Fruits solution

V	Z	F	V	S	S	Y	I	U	D	H	J
H	E	R	F	T	K	I	A	G	L	R	E
L	K	Y	K	R	X	A	W	P	J	Z	W
Q	Z	Q	P	A	P	A	Y	A	P	H	A
M	W	P	C	W	L	R	P	Z	Q	L	T
N	X	L	O	B	R	N	C	O	T	I	E
A	S	Z	K	E	Z	J	M	R	B	O	R
H	K	V	H	R	X	M	K	A	A	K	M
D	R	C	K	R	R	X	I	N	N	F	E
J	U	G	U	Y	V	S	W	G	A	G	L
O	Y	M	M	V	J	Y	I	E	N	C	O
A	Z	X	Z	F	H	F	C	I	A	I	N

Words search
Fruits solution

M	H	O	A	P	R	I	C	O	T	C	Q
P	A	S	S	I	O	N	F	R	U	I	T
J	L	S	Y	N	L	E	K	A	B	D	I
J	E	U	N	E	P	D	N	S	J	X	B
Y	M	H	M	A	E	Q	W	P	W	Q	R
E	O	S	R	P	A	R	N	B	Z	L	N
C	N	G	Y	P	C	S	W	E	U	P	W
A	G	J	F	L	H	O	T	R	X	L	A
I	O	F	W	E	S	F	Q	R	R	F	Z
B	L	U	E	B	E	R	R	Y	R	N	F
T	W	C	S	V	H	O	L	R	P	I	F
Y	P	O	M	E	G	R	A	N	A	T	E

Sudoku puzzles

Puzzle 1 #

Easy

7				2	4			5
	9		5	7	8			
			1					
			7		3		8	
		7		4			5	
			2			9	7	1
	6	4		1	9			
		9		6			4	
			4	5	2		9	8

Puzzle 2

Easy

	2		1		9	8		
				7		2		
	6	4			3	5		
9	1					4		
		6	5		7	9		
4			9				5	
			4		1		3	
		1				6	9	
		9	2		8	1		

Puzzle 3 #

Easy

	6				4		1	5
9						4	8	6
						3		
			8			6	2	
		6	4					1
			6	9	3	5		
7		1					9	3
		9	1					7
			9		8	1	5	4

Puzzle 4 #

Easy

					1		4	
			8		9			
3			5	4		8		
6	7	9		1	3	4		
5		4	7	8				9
		2		9		3	7	
	1		6				3	
	6		9	7				5
		8				6		

Puzzle 5

Easy

6			1	9				5
	2			6	4		9	
9		1						8
	5				7			9
8			2					
1			4		8	3	7	
7		6				5		
3	1		7					
		4				1	6	

Puzzle 6 #

Easy

	4				5	6		
	6		9					7
					4			
				1			2	
	2		4	3	6	7		8
		4	5		8	3	6	9
2				4				
	5	6				8	3	4
	8				7	2		

Puzzle 7 #

Easy

		8						
7	4							
		1						3
	2	4	3	1			7	8
						9	4	
				9	7		5	2
			2	5				
	8		7					
3	5		1			4		9

Puzzle 8 #

Medium

3	5		9					
2			1			4		3
						2	9	
4	8		2	9		7	3	5
				3		1		
		5	4	6			2	9
5	4		7				1	6
8			6					2
		1				3	7	

Puzzle 9

Medium

	3					6		4
8	4		2					
							7	
	9			4				8
		5		7			3	
4		1		5				
6	5				8	2		
						5		
3			4				8	7

Puzzle 10 #

Medium

				8	7			
				4		2	1	6
1		4						7
8		2	6				7	
	6							
		9		7	1			
	4		3		6	5		1
		1	7					
3		6			2			

Puzzle 11

Medium

2			9	3	8	7	5	
	7							2
9	6	3			2		4	8
8			2			9		1
	1		5		6	4	2	3
		6		9		8	7	5
		2			5			
1	9					5		

Puzzle 12

Medium

		6			3			
5	3		7		2	4		6
			9			5		
	5				7	1		4
	7		3					8
				2				7
	8			3		9		2
	1							
7								5

Puzzle 13 #

Medium

	4	8			9			
	3	7					2	5
				5				4
	2	3			6	4	5	7
							9	1
				7	5			
3	1			2				
6				8	1	5	4	
	8		6	9			1	

Puzzle 14

Difficult

1			7	6	9			
						7		3
	8						6	
	2					3	7	6
			1				9	
	6		3					1
8								
	7				8	2		
	4				1		5	

Puzzle 15 #

Difficult

		9						
7	8			1				
	4		8	5		9	3	6
9	3				5		7	
4		5			9	2		3
8			7				9	
2	9		5	7		3	6	
			4		2			8

Puzzle 16 #

Difficult

4					5			
8								
		6			2		5	
	5		4		3			
2							8	
	7		5			9		1
	8	9				6		4
7			1					
		3	6				2	8

Puzzle 17 #

SO difficult

				2				8
						4	3	
8								6
5	4				3	6	2	1
6			9				7	
	2			1				
3	9				6	5		
				3	5		1	
				4			6	

Puzzle 18 #

SO difficult

			3		9			
1	3							
		7	2		4	3		
8					1	2		
				5			8	
2		4	9				1	7
	5	8					6	
7				3		4		
			8					

Puzzle 19 #

SO difficult

4					5		1	
	2				6			9
1						8	2	5
	5				1			
8	7							3
9		4				1	5	
7		9	8					
2		8	4		3			
				7				8

Puzzle 20 #

SO difficult

2	1							
		8			3	5		
					4	7		
7	8	2						4
			4		2	6		
	5		1		8	2		
			7	3		9		
6							5	
			6		5			

Sudoku puzzles solutions

Puzzle 1
Solution

7	1	3	9	2	4	8	6	5
6	9	2	5	7	8	3	1	4
5	4	8	1	3	6	7	2	9
1	2	5	7	9	3	4	8	6
9	8	7	6	4	1	2	5	3
4	3	6	2	8	5	9	7	1
2	6	4	8	1	9	5	3	7
8	5	9	3	6	7	1	4	2
3	7	1	4	5	2	6	9	8

<u>Puzzle 2</u>

<u>Solution</u>

7	2	3	1	5	9	8	6	4
5	9	8	6	7	4	2	1	3
1	6	4	8	2	3	5	7	9
9	1	5	3	8	6	4	2	7
2	3	6	5	4	7	9	8	1
4	8	7	9	1	2	3	5	6
6	5	2	4	9	1	7	3	8
8	4	1	7	3	5	6	9	2
3	7	9	2	6	8	1	4	5

Puzzle 3

Solution

3	6	2	7	8	4	9	1	5
9	7	5	3	2	1	4	8	6
1	4	8	5	6	9	3	7	2
5	3	4	8	1	7	6	2	9
8	9	6	4	5	2	7	3	1
2	1	7	6	9	3	5	4	8
7	5	1	2	4	6	8	9	3
4	8	9	1	3	5	2	6	7
6	2	3	9	7	8	1	5	4

Puzzle 4
Solution

8	9	5	3	6	1	7	4	2
7	4	1	8	2	9	5	6	3
3	2	6	5	4	7	8	9	1
6	7	9	2	1	3	4	5	8
5	3	4	7	8	6	2	1	9
1	8	2	4	9	5	3	7	6
2	1	7	6	5	8	9	3	4
4	6	3	9	7	2	1	8	5
9	5	8	1	3	4	6	2	7

Puzzle 5

Solution

6	7	8	1	9	3	2	4	5
5	2	3	8	6	4	7	9	1
9	4	1	5	7	2	6	3	8
4	5	2	6	3	7	8	1	9
8	3	7	2	1	9	4	5	6
1	6	9	4	5	8	3	7	2
7	8	6	9	4	1	5	2	3
3	1	5	7	2	6	9	8	4
2	9	4	3	8	5	1	6	7

Puzzle 6
Solution

9	4	2	1	7	5	6	8	3
3	6	5	9	8	2	1	4	7
8	1	7	3	6	4	9	5	2
6	3	8	7	1	9	4	2	5
5	2	9	4	3	6	7	1	8
1	7	4	5	2	8	3	6	9
2	9	1	8	4	3	5	7	6
7	5	6	2	9	1	8	3	4
4	8	3	6	5	7	2	9	1

Puzzle 7
Solution

2	3	8	6	7	1	5	9	4
7	4	5	9	8	3	2	1	6
6	9	1	5	4	2	7	8	3
9	2	4	3	1	5	6	7	8
5	7	3	8	2	6	9	4	1
8	1	6	4	9	7	3	5	2
1	6	9	2	5	4	8	3	7
4	8	2	7	3	9	1	6	5
3	5	7	1	6	8	4	2	9

Puzzle 8
Solution

3	5	7	9	2	4	6	8	1
2	9	8	1	7	6	4	5	3
6	1	4	3	5	8	2	9	7
4	8	6	2	9	1	7	3	5
7	2	9	8	3	5	1	6	4
1	3	5	4	6	7	8	2	9
5	4	2	7	8	3	9	1	6
8	7	3	6	1	9	5	4	2
9	6	1	5	4	2	3	7	8

Puzzle 9
Solution

1	3	9	5	8	7	6	2	4
8	4	7	2	1	6	3	9	5
5	2	6	9	3	4	8	7	1
7	9	3	6	4	2	1	5	8
2	6	5	8	7	1	4	3	9
4	8	1	3	5	9	7	6	2
6	5	4	7	9	8	2	1	3
9	7	8	1	2	3	5	4	6
3	1	2	4	6	5	9	8	7

Puzzle 10
Solution

6	2	3	1	8	7	9	5	4
5	7	8	9	4	3	2	1	6
1	9	4	2	6	5	8	3	7
8	1	2	6	3	9	4	7	5
7	6	5	4	2	8	1	9	3
4	3	9	5	7	1	6	2	8
2	4	7	3	9	6	5	8	1
9	8	1	7	5	4	3	6	2
3	5	6	8	1	2	7	4	9

Puzzle 11

Solution

2	4	1	9	3	8	7	5	6
5	7	8	1	6	4	3	9	2
9	6	3	7	5	2	1	4	8
8	3	5	2	4	7	9	6	1
7	1	9	5	8	6	4	2	3
4	2	6	3	9	1	8	7	5
3	8	2	4	7	5	6	1	9
1	9	4	6	2	3	5	8	7
6	5	7	8	1	9	2	3	4

Puzzle 12

Solution

1	4	6	5	8	3	7	2	9
5	3	9	7	1	2	4	8	6
8	2	7	9	6	4	5	3	1
3	5	2	8	9	7	1	6	4
4	7	1	3	5	6	2	9	8
9	6	8	4	2	1	3	5	7
6	8	4	1	3	5	9	7	2
2	1	5	6	7	9	8	4	3
7	9	3	2	4	8	6	1	5

Puzzle 13
Solution

5	4	8	2	6	9	1	7	3
9	3	7	1	4	8	6	2	5
2	6	1	7	5	3	9	8	4
8	2	3	9	1	6	4	5	7
7	5	6	4	3	2	8	9	1
1	9	4	8	7	5	2	3	6
3	1	9	5	2	4	7	6	8
6	7	2	3	8	1	5	4	9
4	8	5	6	9	7	3	1	2

Puzzle 14

Solution

1	3	2	7	6	9	4	8	5
5	9	6	8	1	4	7	2	3
7	8	4	2	5	3	1	6	9
4	2	1	9	8	5	3	7	6
3	5	7	1	4	6	8	9	2
9	6	8	3	2	7	5	4	1
8	1	5	4	9	2	6	3	7
6	7	9	5	3	8	2	1	4
2	4	3	6	7	1	9	5	8

Puzzle 15

Solution

6	5	9	3	2	4	8	1	7
7	8	3	9	1	6	5	4	2
1	4	2	8	5	7	9	3	6
9	3	6	2	8	5	4	7	1
4	7	5	1	6	9	2	8	3
8	2	1	7	4	3	6	9	5
2	9	8	5	7	1	3	6	4
3	6	7	4	9	2	1	5	8
5	1	4	6	3	8	7	2	9

Puzzle 16

Solution

4	1	7	3	9	5	8	6	2
8	2	5	7	6	1	3	4	9
3	9	6	8	4	2	1	5	7
9	5	8	4	1	3	2	7	6
2	3	1	9	7	6	4	8	5
6	7	4	5	2	8	9	3	1
5	8	9	2	3	7	6	1	4
7	6	2	1	8	4	5	9	3
1	4	3	6	5	9	7	2	8

Puzzle 17
Solution

4	5	6	3	2	7	1	9	8
9	1	2	5	6	8	4	3	7
8	3	7	4	9	1	2	5	6
5	4	9	7	8	3	6	2	1
6	8	1	9	5	2	3	7	4
7	2	3	6	1	4	9	8	5
3	9	8	1	7	6	5	4	2
2	6	4	8	3	5	7	1	9
1	7	5	2	4	9	8	6	3

Puzzle 18
Solution

5	4	2	3	6	9	8	7	1
1	3	9	5	7	8	6	4	2
6	8	7	2	1	4	3	5	9
8	9	5	7	4	1	2	3	6
3	7	1	6	5	2	9	8	4
2	6	4	9	8	3	5	1	7
9	5	8	4	2	7	1	6	3
7	2	6	1	3	5	4	9	8
4	1	3	8	9	6	7	2	5

Puzzle 19

Solution

4	8	7	2	9	5	3	1	6
3	2	5	1	8	6	4	7	9
1	9	6	3	4	7	8	2	5
6	5	2	9	3	1	7	8	4
8	7	1	5	2	4	9	6	3
9	3	4	7	6	8	1	5	2
7	4	9	8	5	2	6	3	1
2	6	8	4	1	3	5	9	7
5	1	3	6	7	9	2	4	8

Puzzle 20

Solution

2	1	4	5	6	7	8	3	9
9	7	8	2	1	3	5	4	6
5	6	3	9	8	4	7	2	1
7	8	2	3	5	6	1	9	4
1	3	9	4	7	2	6	8	5
4	5	6	1	9	8	2	7	3
8	4	5	7	3	1	9	6	2
6	2	1	8	4	9	3	5	7
3	9	7	6	2	5	4	1	8

Fourth of july 2020 celebrations

www.ingramcontent.com/pod-product-compliance
Lightning Source LLC
Chambersburg PA
CBHW080828260726
48654CB00027B/1776

9798657524314